Hirokazu Sato
Collected Works for Guitar
Beyond the Blue Sky

青空の向こうに

佐藤弘和作品集

GG591

(株) 現代ギター社

GENDAI GUITAR CO., LTD.
1-16-14 Chihaya, Toshima-ku, Tokyo, Japan

序文／Preface

　2011年東日本大震災の応援メッセージ作品として作曲した表題作〈青空の向こうに〉を中心に、過去の曲集『秋のソナチネ』に収録されずに未出版だった小品、今までに少しずつ「現代ギター」誌に添付楽譜として掲載された小品、最近作曲したもの、曲集のために編曲したクラシックの名曲……などのバラエティーに富んだ選集を皆さまにお届けします。

　来年で創刊50周年を迎える月刊「現代ギター」誌ですが、僕も長年の読者であり、途中から楽譜を載せる立場になったものの、未だに添付楽譜が楽しみです。今月はどんな楽譜が載っているのか……そのワクワク感は昔から変わりません。楽譜は後世に残る、というのが素晴らしいことだと思います！

　でも残念ながら、しばしば添付楽譜は知らずに見過ごされてしまう可能性があります。やはり曲集になることが重要です。今回の曲集『青空の向こうに』で僕の「現代ギター」誌に発表したソロ作品は、既刊の『秋のソナチネ』『季節をめぐる12の歌』と合わせれば、ほとんど揃うこととなりました。

　1～2頁の小品が多く取り組みやすくなっていますので、気軽にお楽しみいただけると思います。

　最後に出版にご尽力下さった「現代ギター」編集長の渡邊弘文氏、これらの作品の作曲・編曲の機会を下さった全ての方々、僕の作品を愛好してくださるギターファンの皆さまに感謝したいと思います。ありがとうございます！

2016年11月吉日
佐藤弘和

作曲者プロフィール／Profile

佐藤弘和／Hirokazu Sato

1966年青森県弘前市生まれ。14歳よりギターを、そしてほとんど同時期に作曲も独学で始める。ピアノを北岡敦子、波多江啓子、工藤勝衛各氏に師事。弘前大学教育学部音楽科卒業。作曲を島一夫に師事。

上京し、ギターを渡辺範彦に師事。1990年第21回新人賞選考演奏会（現クラシカルギターコンクール）で第2位入賞。同年、作曲で〈ピアノのためのロンド〉がPTNAヤングピアニスト・コンペティションF級課題曲に採用。〈F.タレガのラグリマによる変奏曲〉が、第1回ピアノデュオ作曲コンクールB部門入賞。その後、ギターを永島志基に師事。'91年カンマーザール立川にてデビューリサイタルを行なう。この頃からギター作曲・編曲作品を『現代ギター』誌上に多数発表。

曲集として、『佐藤弘和作品集～秋のソナチネ』、『季節をめぐる12の歌』、『ギター四重奏のための 20歳の頃』、『G.フォーレ／ドリー（編曲）』、『昔の歌～ギターのための22章（編曲）』、『ギターソロのためのクラシカル・クリスマス～21のクリスマスの歌（編曲）』、『カルカッシ／原典版 ギターのための25のエチュードOp.60（校訂）』、『風の間奏曲～48のやさしい小品』などを現代ギター社より出版。小品〈素朴な歌（シンプル・ソング）〉がギタリスト小川和隆、福田進一、大沢正雄にCD録音されたのをはじめ、アマチュア諸氏に愛好される。

1998年ギタリスト村治佳織のCD『カヴァティーナ』に収録された〈マイ・フェイバリット・シングス〉〈コーリング・ユー〉のアレンジを手がける（共編B.スターク）。2006年NHKニューイヤーオペラの幕間で演奏されたフルート＆ギター（鈴木大介）のデュオ曲、2008＆09年NHK・FM『きままにクラシック』番組内で演奏されたアンサンブル曲のアレンジを手がける。村治佳織によるCD、2009年『ポートレイツ』、2010年『ソレイユ』、2011年『プレリュード』にアレンジ作品を多数提供、好評を得る。

また、2009年5月より自身の作品の回顧シリーズ『佐藤弘和ギター作品展』を通算5回（vol.1 合奏、vol.2 ソロⅠ、vol.3 デュオ、vol.4 他楽器とのアンサンブル、vol.5 ソロⅡ）開催。2010年からはアンサンブルを中心としたコンサートシリーズを展開。

CDに『佐藤弘和作品集1～秋のソナチネ・素朴な歌』、『佐藤弘和作品集2～季節をめぐる12の歌』、DVD『佐藤弘和ギター合奏作品展』、楽譜その他に、『ベイビーズ・ソング1～3集』、『山と風と湖と』、『花曲』、『田園組曲』、『森の中へ青い花を探しに』など多数。

ギター曲作曲のモットーは「弾き易くわかり易くメロディックであること」。（文中敬称略）

目次／Contents

青空の向こうに — 4
Beyond the Blue Sky

約束〜 Beautiful promise — 6
Beautiful promise

エヴァーグリーン — 7
Evergreen

4 つのベイビーズ・ソング
4 Baby's Songs

    MIO 〜みお（美音） — 8
    MIO

    MARTINA 〜マルティーナ — 9
    MARTINA

    SHIHO 〜しほ（志保） — 10
    SHIHO

    HIBIKI 〜ひびき（響絆） — 11
    HIBIKI

聴いて! 私の音 — 12
Listen to my music !

2 つのワルツ
2 Waltzes

    11 月のワルツ — 14
    Waltz in November

    "街猫"のワルツ — 16
    Stray Cat Waltz

ガヴォット第 2 番 — 17
Gavotte No.2

2 つのエレジー
2 Elegies

    遠き日々 — 18
    Distant Days - Elegy

    遠き空〜マエストロ河野 賢氏の想い出に — 19
    Distant Sky - Elegy for the Memory of Maestro Masaru Kohno

馬駆る少女〜永島慎二氏の版画による — 20
The Girl Riding a Horse - Inspired from an Etching of Mr.Shinji Nagashima

3 つの日本の歌
3 Japanese Songs

    故郷（岡野貞一） — 22
    Furusato / Tei-ichi Okano

    荒城の月（瀧 廉太郎） — 25
    Kojo-no Tsuki / Rentaro Taki

    村祭り（文部省唱歌） — 28
    Mura Matsuri / Japanese Folk Song

献呈〜「ミルテの花」より（シューマン） — 30
Widmung 〜 Myrthen Op.25-1 / Robert Schumann

ジュ・トゥ・ヴ（サティ） — 34
Je te veux / Erik Satie

愛の挨拶（エルガー） — 38
Salut d'amour / Edward Elgar

カルメン幻想曲（ビゼー） — 40
Carmen Fantasy / Georges Bizet

エリカの花 — 49
Erica

作品解説 — 56
Explanation

【4つのベイビーズ・ソング／4 Baby's Songs】

to Eri & Minoru Inagaki

みお（美音）
MIO

Hirokazu Sato（2008）

11月のワルツ
Waltz in November

Hirokazu Sato (1992)

"街猫"のワルツ
Stray Cat Waltz

Hirokazu Sato (1992)

ガヴォット第2番
Gavotte No.2

Hirokazu Sato (1994)

for the memory of Maestro Masaru Kohno

遠き空
Distant Sky - Elegy

Hirokazu Sato（1992）

to Shiki Nagashima

馬駆る少女
~永島慎二氏の版画による~
The Girl Riding a Horse
Inspired from an Etching of Mr.Shinji Nagashima

Hirokazu Sato (2016)

このページは譜めくりの都合を考慮して空白にしています。
This Page has been left blank interntionally.

【3つの日本の歌／3 Japanese Songs】

to Masayo Ota

故郷
Furusato

Tei-ichi Okano
Arr. by Hirokazu Sato（2014）

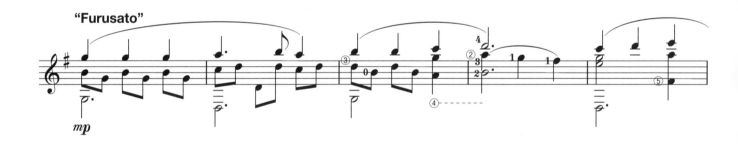

to Masayo Ota

荒城の月
Kojo-no Tsuki

Rentaro Taki
Arr. by Hirokazu Sato (2014)

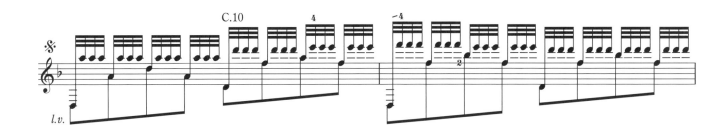

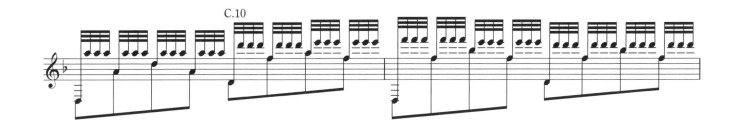

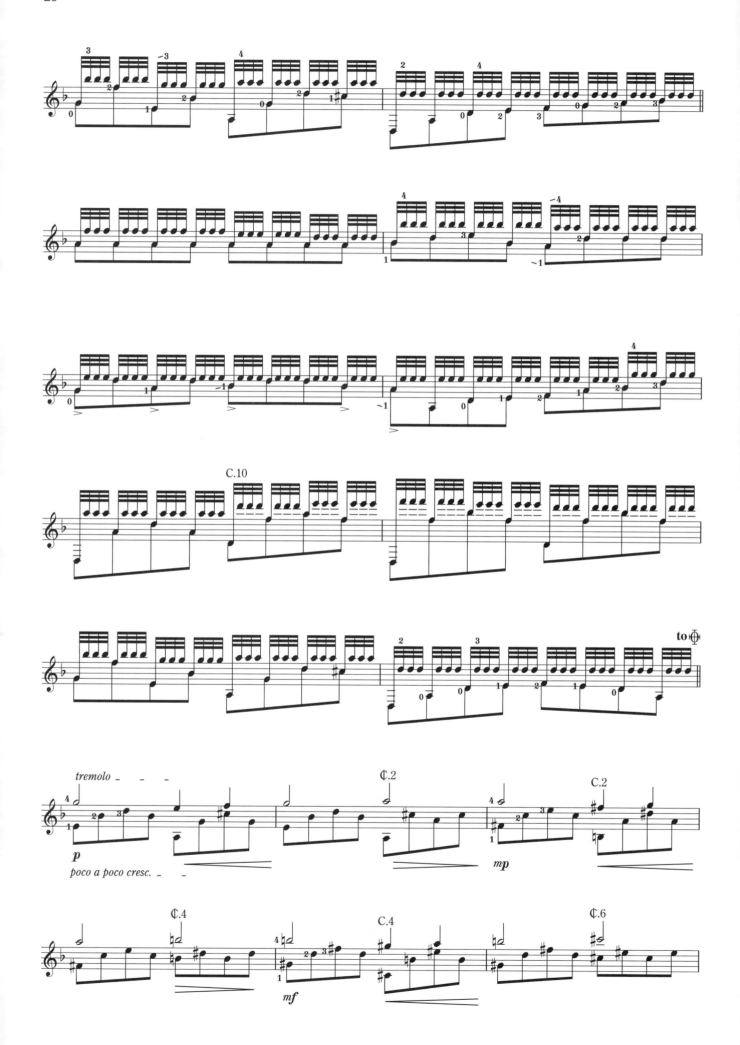

献呈
~「ミルテの花」より~

Widmung
Myrthen Op.25-1

Robert Schumann
Arr. by Hirokazu Sato (2015)

このページは譜めくりの都合を考慮して空白にしています。

This Page has been left blank interntionally.

ジュ・トゥ・ヴ

Je te veux

Erik Satie
Arr. by Hirokazu Sato (2015)

to Kyuhee Park

エリカの花
Erica

Hirokazu Sato (2013)

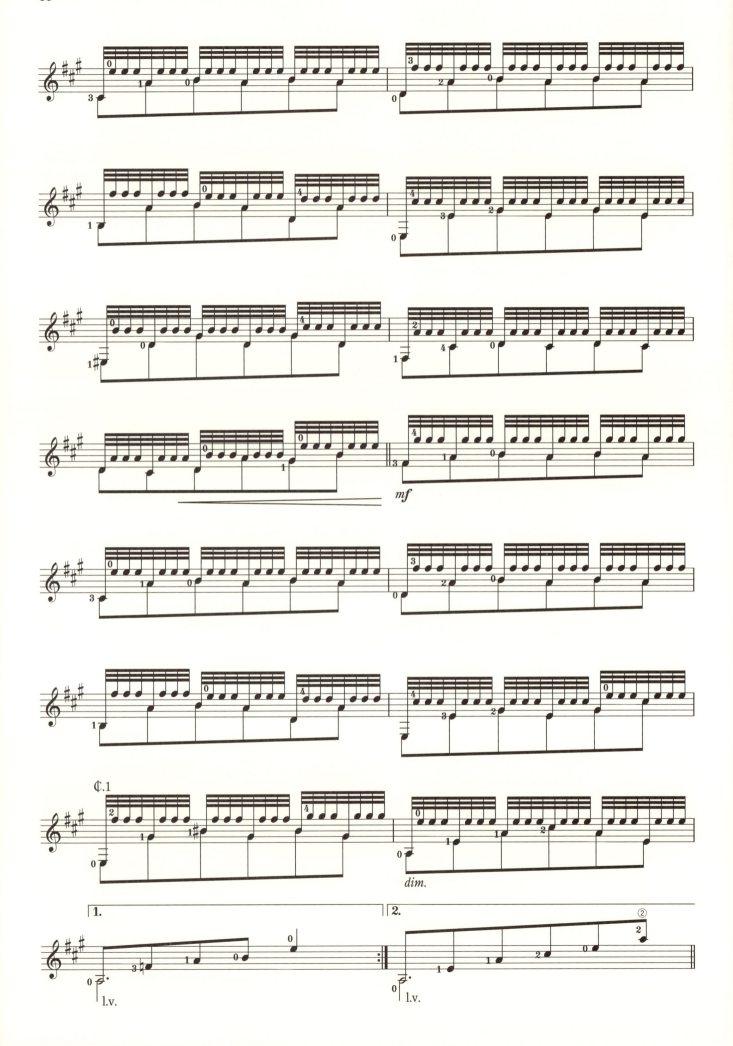

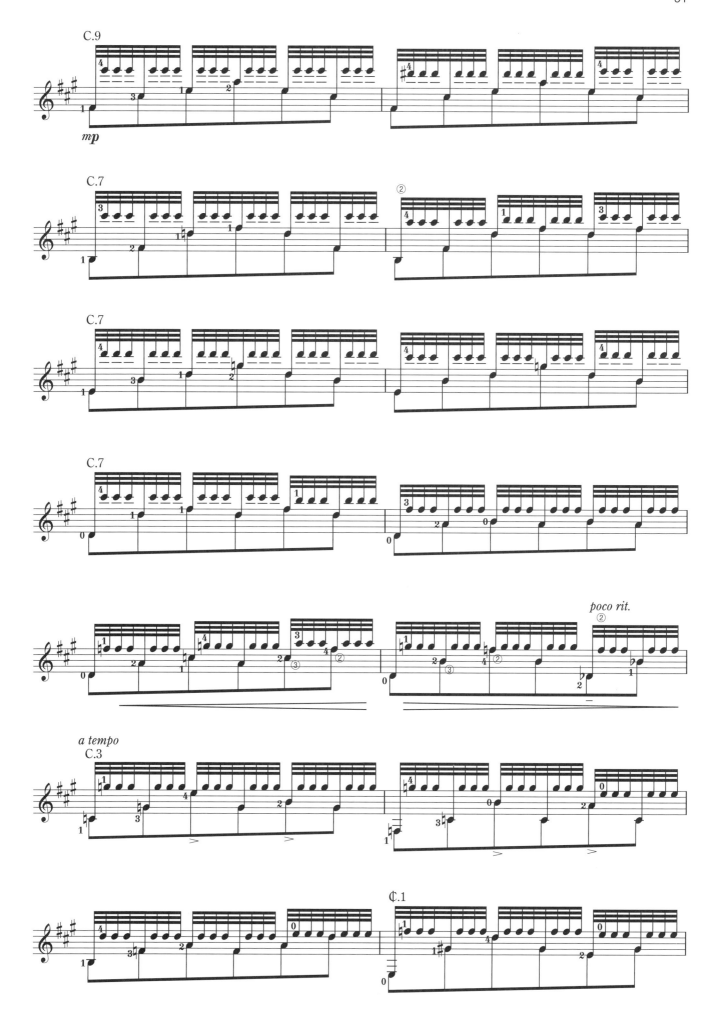

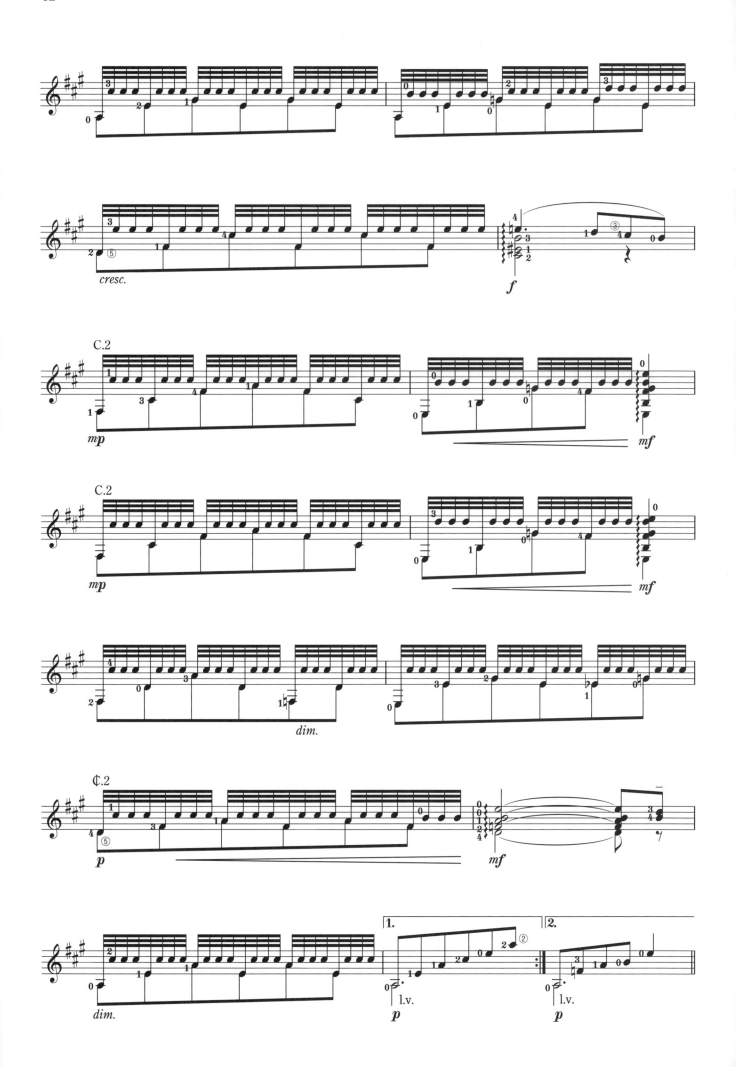

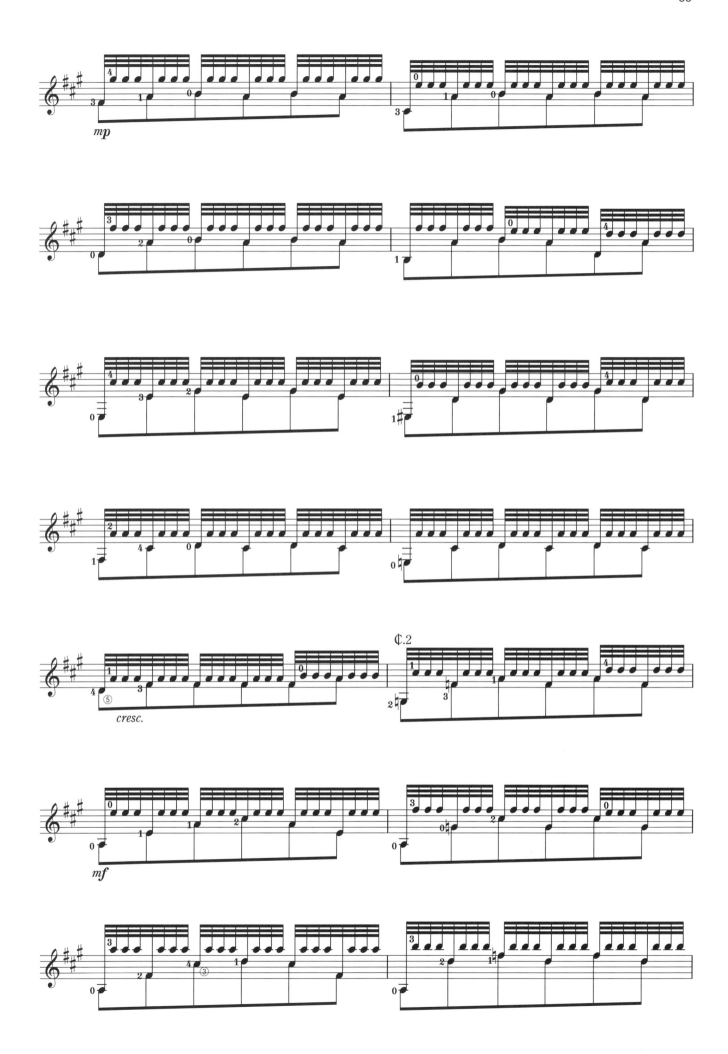

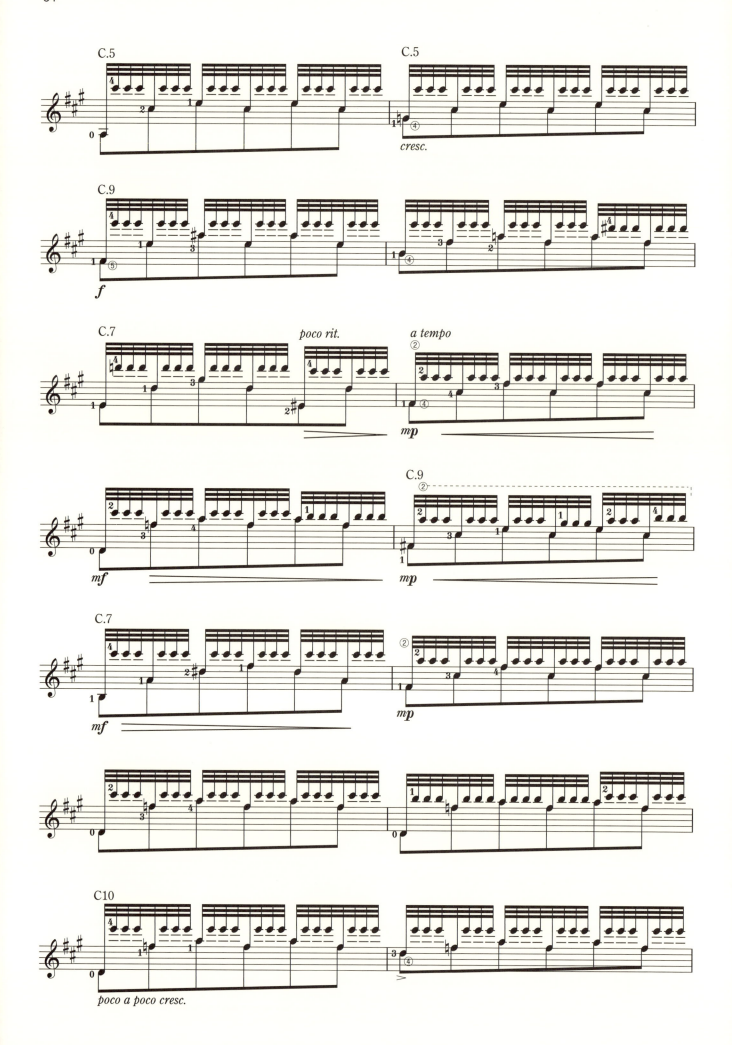

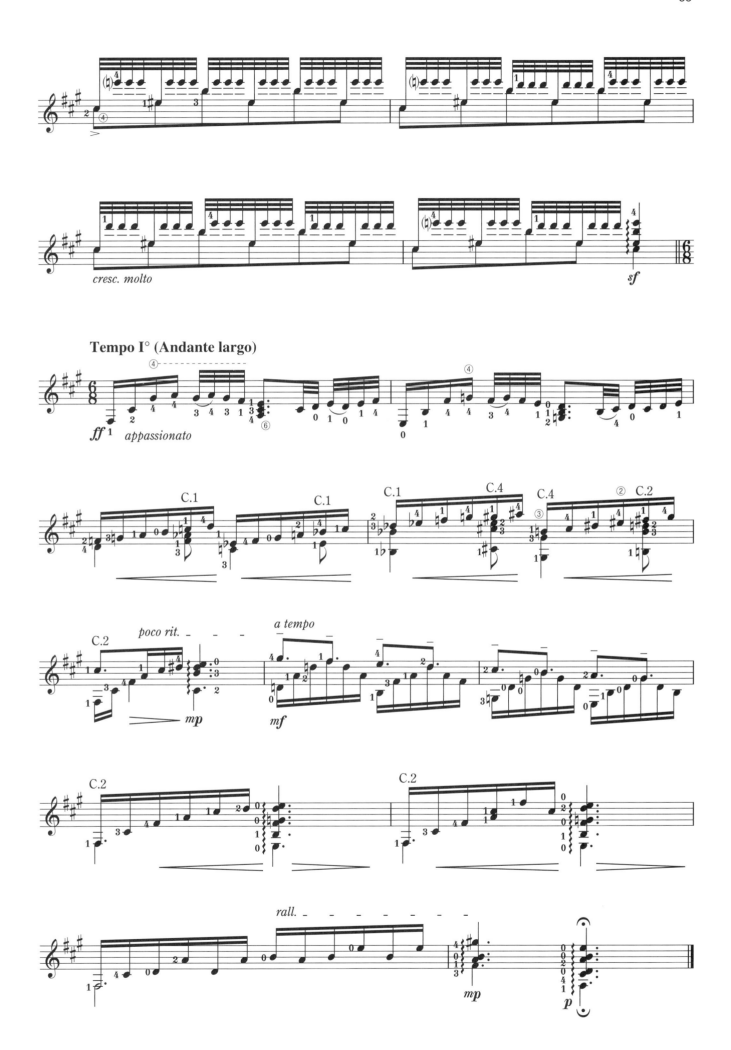

作品解説／Explanation（佐藤弘和）

青空の向こうに

　2011年3月11日に発生した東日本大震災は、東北地方を中心に多くの人々の心と生活に深い傷跡を残しましたが、我々ギタリストも被災された方の精神的支えとなるような活動をしなければいけないとの思いで、現代ギター社GG学院講師・現代ギター社共同製作による『東日本大震災被災者支援メッセージビデオ』を制作し、現代ギター社のホームページで公開しました。1人1人の行動や思いは確かに小さなものかもしれませんが、それ自体意味がないということはありません。「これからも、皆さんと、ギターと共に、歩んで行きたい」というメッセージが込められた、このビデオのために作曲したのが、〈青空の向こうに〉です。

　そんな意味もあり「前向きに進んでいけるような、未来を見据えて頑張っていけるような曲を！」とイメージして作曲しました。ビデオを中心になって製作した永島志基氏から「最初の映像は、青空から現代ギター社が映り込むように始めて……」との構想を聞いた時、ぴったりと思い〈青空の向こうに〉というタイトルに。文字通り遠くまで広がる澄み渡るおおらかな青空をイメージしてください。全体的によく歌い上げるような感じで徐々にハイポジションへ向かいます。一点の曇りもなく明確に弾いていきます。

　5頁3段目からの4段は「間奏」で力強く突き進む部分です（と言っても走らずに）。コーダも同様に、p指で弾く低音を効果的に、最後の和音もポジティヴに決然と弾ききってください！

約束〜 Beautiful promise

　短く細やかな小品です。ローポジションのみで弾けるように書いていますので、無理なくやさしく弾けることと思います。リラックスした優しい気持ちで。

　2000年に僕は結婚したのですが、この曲が「現代ギター」誌に掲載された7月に結婚式を挙げました。この号（2000年7月号 No.426）は僕にとってはメモリアルの「現代ギター」になったと言えます。……それから恥ずかしながら付け加えると、当時、妻とよく行っていたお店にあった占いの本に花言葉が書いてあって、妻の誕生日に「Beautiful promise」と書いてあったのです。それをそのままタイトルにしてしまいました。

エヴァーグリーン

　この〈エヴァーグリーン〉は、現在ギタリストとして活躍中の森田綾乃さんに献呈した作品です。僕の生徒であった彼女が音楽大学ギター科に入学した際に、はなむけの作品として書き下ろしたもので、明日への希望に満ちた前向きな曲想を持っている曲です（調が同じということもあり、曲想的には〈青空の向こうに〉に通ずるところがあります）。4分の3拍子ですが、途中〈素朴な歌〉のように4分の4拍子のフレーズが出てきますのでそれを生かして弾いてください。のびのびと明るい響きで。たっぷりとした大らかな気持ちで！

【4つのベイビーズ・ソング】
MIO〜みお（美音）

　稀代の名ギタリストであった稲垣 稔さんと知り合ったのがいつかは、はっきりとは覚えていないのですが、稲垣さんは僕の作風を気に入って早くから作曲の委嘱をしてくださいました。そして生まれたのが、1998年《3つの小品［小組曲：ワルツ、ノクターン、スケルツォ］》と1999年《3つの前奏曲［あこがれ、情熱、夢想］》の2作品です。この時はリサイタルのためにということだったのでついつい僕も力が入ってしまい、少々技術的に難しい作品を書いてしまいました。稲垣さんのイメージした僕の作品の感じにはならなかったようで、初演したきりお蔵入りに……。

　そんなことがあって月日が経ちましたが、次の作曲の機会は2008年に突然訪れました！ 年始に稲垣さんから頂いた年賀状には「昨年、長女が誕生した」との嬉しい知らせが。美しい音を追究した稲垣さんらしい命名で、文字通りの「美音（みお）」ちゃんの可愛らしいあどけない写真を目にしたその時にインスピレーションが湧き、ベイビーズソング〈MIO〉が出来上がりました。そして誕生のプレゼントとして稲垣さん夫妻に献呈したのです。気軽に演奏するには難し過ぎた過去に作った曲の懺悔（?）の意味もあったのかもしれません。今回は1頁の小品で弾きやすかったためか……いえ、もちろん最愛の愛娘の曲ということでと思いますが、幸いにも気に入ってもらえてコンサートのアンコールなどで弾いてくださったようです（僕は残念ながら実際に聴くことは出来ませんでした）。

　奇しくも僕が病気になって手術を行なう前日に稲垣さんは旅立たれました。実はその夏に一緒に参加する予定であったギターセミナーで演奏するために作曲したギタートリオのための〈夏色ファンシー〉を初演するはずだったのですが、残念ながら叶いませんでした。この曲の最後には〈MIO〉の最初の8小節を引用していて、僕と稲垣さんがDuoをするはずだったのです。でもそのような夢を思い描かせて頂いただけでも満足です。

　稲垣さんが旅立たれてから随分の時が流れましたが、皆さんもこの〈MIO〉を弾く時には天国の稲垣さんのことを思って弾いてください。

MARTINA ～マルティーナ

メキシコのギタリスト、フアン・カルロス・ラグーナ氏の長女マルティーナちゃんが生まれたお祝いに作曲した作品です。ラグーナ氏は来日時のGGサロン・コンサートで、様々な現代作品と共にこのささやかな小品も演奏してくれました。

珍しい♯5つのロ長調なのですが、Eadd9やG♯m7など弾きやすいコードをメインに使っているため、思ったほど難しくないと思いますので敬遠しないでチャレンジしてみてください。冒頭の「B－A♯－F♯」のメロディーが名前の「Mar-ti-na」で、全曲のモチーフ。語りかけるような優しさ溢れる演奏を！

SHIHO ～しほ（志保）

浜松に工房を構えるギター製作家、佐藤 剛氏の長女、志保ちゃんのために作った曲です。ベイビーズソング……とは言っても、この作品は2012年に進学のお祝いにということで作曲させてもらいました。作曲に際しては依頼者にイメージなどを訊くのですが、〈SHIHO〉は活発で元気な雰囲気（Joyful!の部分）、かつしっかりとした子になって欲しいという願いを込めています。モチーフとして名前の「し」＝「シ」＆「ほ」＝「ミ」を用いています。

短い中に盛り沢山の内容を詰め込んだ小さなファンタジア（幻想曲）。名古屋で活躍する若手ギタリスト、生田直基氏のCD『インフルエンス』に収録されていますので、ぜひ聴いてみてください。

HIBIKI ～ひびき（響絆）

2003年作の〈ことは〉同様、自分の子供の名を付けた"ベイビーズ・ソング"シリーズの一曲。前者は生まれてすぐに作ったものの、この曲は諸事情により6年も経ってからようやく出来上がりました。男の子なので活発な感じ、かつ優しさも兼ね備えて欲しいとの欲張った曲想。僕の作品では同傾向の曲中に共通するモチーフが必ず出てきます。それは半ば無意識なのですが、あえてそれは避けずに素直に使用するようにしています。またかと思えるようなものでもよく言えば"佐藤ワールド"の節回し。そう考えると、僕の作品は全てヴァリエーションであるとも言えるでしょう。

聴いて 私の音

小学校や中学校の音楽教室で素敵な音楽の贈り物を届ける活動を続けるギタリスト、堤 千花さんのために作曲、献呈した作品。千花さんとは病気友達とでも言うのでしょうか、お互いに入院中にお見舞いに行ったりの仲。ある時、学校の音楽活動の話を伺ってそのイメージがぱーっと広がって珍しくあっという間に出来てしまった曲。

千花さんが、子供達に語りかける。ギターの音聴いてみて、ほら……、もう一度、どう？ ギターって素敵でしょ？ さあ！ みんなで歌おう!!……そんな暖かい場面を思い描きながら弾いてみてください。

【2つのワルツ】
11月のワルツ

つれづれなるままに書きとめた秋色のワルツ。例えば枯れ葉がヒラヒラと舞い落ちる様をイメージして。つかみどころのない雰囲気で。

トリオでは表情を変えること。*D.S.* するところを工夫して。

"街猫"のワルツ

〈"街猫"のワルツ〉は1992年作。ギタリスト小川和隆氏のアット・ホームなコンサートを聴きに行った際に図々しくも持参し、アンコールの1曲として、ご好意で気軽に初見で初演して頂いた曲です。その場所が、ニャンと八王子の「街猫劇場」だったのです。コンサートや落語、あるいはバザーなどを企画したり仲間が集うコミュニティ・スペースのような所ですが、その楽しい雰囲気と妙な（?）名前が印象に残ったため、この命名と相成りました。やさしい曲ですが、あまり速く弾かず、音をニャーオと充分に伸ばし、全体に"ネコ的"に弾いてください（!?）。

ガヴォット第2番

〈ガヴォット第2番〉は1994年作。ヘ長調というギターではあまり使われない調なので多少弾きにくいとは思いましたが、逆にその響きの新鮮さを狙いました。この曲も速くなく丁寧に弾くようなつもりでしっかりと音を切ってください。後半の *rit.* する所の上声部のドーレは同じ音なので弾き直さずにタイにして下だけ弾いてください、念のため。

【2つのエレジー】
遠き日々

この曲は1999年12月11日に行なわれた、僕の母校、弘前大学の「クラシックギタークラブ演奏会～松山秀一先生を偲んで」のために、追悼の意を込めて作曲したものです（弘前大学50周年記念会館、初演は僕の先輩でもある望月麻千さん）。松山先生はもともと医学部の先生でしたが、音楽にも造詣が深く、コーラスなどに取り組んでいらっしゃいました。どういう縁か、ギタークラブの顧問も創部以来引き受けてくださり、もちろん僕などもお世話になったわけです。温厚で穏やか、しかし音楽には厳しい面もあった、そんな人柄が偲ばれます。

作曲の経緯はともかく、皆さんは自由なイメージで弾いてください。「エレジー」という副題ですが、何も追悼の意味だけではなく、"遠い日々を思い起こす"といった雰囲気もありますから……。

全体的にリラックスした柔らかい響きで。最後のフルコードが連続する部分は強すぎず、音量をコントロール

して、それほど壮大にならないようにしましょう。

遠き空～マエストロ河野 賢氏の想い出に

1998年12月に天に召されたマエストロ河野 賢（ギター製作家・河野ギター製作所・現代ギター社創業者）に捧げる細やかな小品です。副題に "エレジー（悲歌）" と付けましたが、悲痛で哀しいものというより、M＝トローバの〈トリーハ〉的なイメージがあります。短調ではない長調の、悲しみを越えた穏やかさとでも言いましょうか。

最初のテーマは遠くまで澄みきった青い空のイメージ。3連符の部分は、子供の頃聴いた "わらべうた" 風な過去の思い出……、それらが多少不協なアルペジオと一緒に進んでいきます。最後はギター製作家に対するオマージュとして、最も根本的なギターの開放弦の響きを弱く鳴らしてみました。

個人的には、1984年に左利き用のギター第1号を作ってもらったことが良い思い出です。

馬駆る少女～永島慎二氏の版画による

僕が上京して過ごした第二の青春時代のギターの師、そして今でも人生の師でもあり、いつも優しくしてもらっている永島志基氏（親しみを込めて "志基さん" と呼ばせて頂きます）のお父様は、言わずと知れた漫画家の故永島慎二氏。何かの折に志基さんよりお父様の遺作として小さな版画をプレゼントして頂きました。それがこの曲のタイトル通り、馬にまたがり駆けて行く少女でした。特にタイトルが付いていたわけではなかったのですが、頂いてすぐにインスパイアされてテーマが出来たものの、なぜかちゃんと完成させていなかったので、何と9年も経ってから短い前奏とコーダを付けて完成させました。小気味よい疾走感を表現して欲しい小品。志基さん、永らく作らず無精してごめんなさい！

【3つの日本の歌】
故郷

「3つの日本の歌」は、ギタリスト太田真佐代さんのために編曲したもので、彼女が2014年に出演したフィンランドのサヴォンリンナ音楽祭で初演されました。〈故郷〉〈荒城の月〉〈村祭り〉の3つからなる組曲です。

第1曲目の〈故郷〉には、フィンランドでの演奏会のためということもあり、中間部にフィンランドの作曲家シベリウスの〈フィンランディア讃歌〉を挿入しました。これは半ば偶然で、イントロを作っている時に〈フィンランディア〉のオケ部分に似たフレーズが出てきたので思い付いたものです。（佐藤弘和）

‥‥‥‥‥‥‥‥‥‥‥‥‥‥‥‥‥‥‥‥

《3つの日本の歌》は私が2014年に出演したフィンランド・サヴォンリンナ音楽祭で演奏した曲目です。この音楽祭の出演にあたり主催者よりプログラムに日本の曲をぜひ入れて欲しいというリクエストがあり、佐藤弘和

さんにアレンジをお願いしました。

〈故郷〉には〈フィンランディア讃歌〉が挿入されていますが、この曲はソビエト連邦からの独立を思い起こさせるフィンランド人にとって国歌に次ぐ愛国歌です。一見、関連がなさそうな2つのメロディーが不思議なほど融合して違和感がありません。この曲をフィンランドで演奏した時、途中の〈フィンランディア〉のフレーズが登場するやいなや会場の雰囲気が一変しました。演奏していてもお客様の興奮感じることが出来るほど喜んで頂けました。故郷や国を愛する気持ちは万国共通なのだと感じ、フィンランドでこの曲を演奏出来たことを誇らしく思いました。演奏時は独特の和音の響きを出来るだけ消さないように、歌いながら弾くことを心掛けています。（太田真佐代）

荒城の月

第2曲〈荒城の月〉は瀧 廉太郎による名曲ですが、太田真佐代さんがトレモロ奏法が好きで得意でもあるということで、トレモロを使ったアレンジにしてみました。メロディーをトレモロで弾くことによって、和楽器である琴を彷彿とさせ、より日本らしい表現になったと思います。少し霧に煙った中に月の光に照らされて浮かぶ荒れた古城といった光景を思い浮かべてみてください。演奏時には、日本独特の張りつめた緊張感を保ちながら繊細なトレモロの音色に気を付けましょう。（佐藤弘和）

‥‥‥‥‥‥‥‥‥‥‥‥‥‥‥‥‥‥‥‥

私はトレモロ奏法が好きなので、このトレモロ・アレンジの〈荒城の月〉をとても気に入っています。私がこの曲を演奏したフィンランドのサヴォンリンナという所は、森と湖に囲まれた自然が溢れる綺麗な街です。異国の地でこの曲を通して日本の風景や文化の素晴らしさを伝えることが出来たことは、とても良い経験になりました。（太田真佐代）

村祭り

最後の曲は〈村祭り〉で、日本のお祭りの独特のリズム、夏祭りの笛や太鼓の音を、タンボーラ奏法やラスゲアード奏法で演奏する賑やかなアレンジにしてみました。中間部には〈赤とんぼ〉のメロディーを挿入していますが、夏の終わりの哀愁と秋に向かっていく風景を感じて頂けたらと思います。演奏時はお祭りの太鼓のリズムを大切に、途中の〈赤とんぼ〉のメロディーとのコントラストを際立たせるように心掛けてみてください。（佐藤弘和）

‥‥‥‥‥‥‥‥‥‥‥‥‥‥‥‥‥‥‥‥

夏祭りの笛や太鼓の音が聴こえてくるような賑やかなアレンジの〈村祭り〉ですが、フィンランドでこの曲を演奏した時、小さな子供がリズムに合わせて体を揺らしていたことが印象的でした。

この組曲《3つの日本の歌》では、日本の伝統文化や懐かしい日本の風景、ふるさとを思う心など、日本の素晴らしさが。ギターならではの繊細な音色や技法を活か

して表現されています。この組曲を演奏して、異国の地でも日本の素晴らしさを伝えることが出来る音楽の偉大さを改めて感じることが出来ました。(太田真佐代)

献呈～「ミルテの花」Op.25-1

献呈……文字通りこの曲集を手に取った皆さんに贈り物をするつもりで編曲した(……わりには本格的な難しい編曲になってしまったか!?)美しい小品。大作曲家ロベルト・シューマンの歌曲集「ミルテの花」の第1曲目で、フランツ・リストによるピアノソロ編曲でも有名です。ギターでは、しばしば弾かれるミゲル・リョベートが編曲したエンリケ・グラナドスの〈献呈〉(組曲「若き日の物語」第1曲)などもありますが、そんなイメージも踏まえて編曲しました。さりげない"献呈"というタイトルの作品、何となく素敵な雰囲気が漂います。シューマンの原曲もぜひ参考にして下さい。

ジュ・トゥ・ヴ

僕の編曲のポリシーの一つに"なるべく原曲と同じようなテンポで弾けるように編曲する"というのがあります。このサティの素敵なシャンソンもそのようなポリシーに合致するようなケース。この曲の原曲は歌であり、またピアノでもよく演奏されます。ピアノでは簡単そうに弾いているのに、やっぱりギターでは難しそうに聴こえる……というのは嫌なのですが、どうしても一音ももらさずに移し替えて編曲(トランスクリプション)するとなると、難しくなり演奏の際にテンポが遅くなりがちなので、この編曲では極力伴奏の音を減らして易しく楽に原曲と同じテンポで弾けるようにしてあります。そういうコンセプトの編曲なのでぜひ速めにオシャレに弾いて下さい。

愛の挨拶

エドワード・エルガー(1857-1934)の言わずと知れた名曲。〈威風堂々〉(全6曲)、〈エニグマ変奏曲〉などの立派なオーケストラ作品に比べ、ささやかな小品なので絶対的な評価は今一つ低い?……と思われる向きもありますが、演奏の場で取り上げられる機会は非常に多くもっとも聴衆に好まれ親しまれている人気No.1の曲と言っても過言ではないでしょう。

1888年エルガー31歳の作品で、その翌年1889年に結婚するピアノの生徒であった8歳年上のキャロライン・アリス・ロバーツのために作曲しました。オリジナルはピアノで、気品あるホ長調で書かれています。その後、作曲者自身がヴァイオリンやチェロ、オーケストラのためにアレンジを行ない、今ではあらゆる楽器で演奏されていて、オリジナルがどれなのかわからないほど(実際ピアノでの演奏は少ないと思います)。ですから、当然ギターソロで演奏してもおかしくない、むしろ演奏していないことの方がおかしい……そんな気持ちでギターソロ版をアレンジしてみました。既製のアレンジもあり

ますが、広く演奏されるような実用的な版を目指して数年模索しました。やっと形になって「これだ!」と思えるヴァージョンに仕上がりましたのでお披露目します。

調はギターではよくある6弦=Dのニ長調。ヴァイオリンやチェロもこの調で、やはり弦楽器はホ長調よりもニ長調の方が適しているようですね。おおむね原曲のイメージで弾いて構いませんが、出来れば〈アメリカの遺言〉〈盗賊の歌〉や〈フリア・フロリダ〉〈アラビア風奇想曲〉などなどのギターオリジナルレパートリーを弾いているようなイメージを持っていただけると、アレンジのコンセプトに合致します。例えばCの部分は原曲とは違いややテンポを落としてロマンティックにアルペジョを響かせて、よりギター曲らしくアプローチします。また、全体的にメロディーを歌う際に弦を滑らせるポルタメント的な運指法を取り入れていますので、その点を生かして弾いてください。有名曲のアレンジを弾く……という感じではなく、あくまでギターのオリジナル作品を弾くという感じです。アルベニス〈アストゥリアス〉を弾く時、「これはピアノ曲のアレンジだ」と思って弾く人はあまりいないと思います。聴いた人もギターのオリジナルだと思っているでしょう。そんなふうになるのが理想です。どうかピアノ的ではなくものすごく"ギター的"に演奏して楽しんでください!

カルメン幻想曲

スペイン人以外の作曲家が作ったスペイン音楽でもっとも人口に膾炙したものは誰が何と言っても「カルメン」!マヌエル・デ・ファリャやイサーク・アルベニス、エンリケ・グラナドスの本場のスペイン音楽よりも親しまれているのは、もっと分かりやすくスペインを翻訳したものだからでしょうか。オペラの主要曲から自由に組み合わされて、色々な楽器のために色々な"カルメン幻想曲"が編作曲されています。サラサーテによるヴァイオリン、ボルヌによるフルート etc. 僕はギターのために。イメージしにくい人は、ギターのスタンダード・レパートリーになっている〈椿姫の主題による幻想曲〉を思い浮かべてください。メドレーした曲は次のようなもの。子供たちの合唱～運命の主題～ハバネラ～アラゴネーズ～間奏曲～セギディーリャ～ジプシーの歌～闘牛士の歌～前奏曲。村治佳織さんに献呈。

エリカの花

トレモロの曲〈エリカの花〉は、実に9年越しで出来た2013年の作品。最終的に完成に近づいた段階で、トレモロ奏法が素晴らしいと評判の朴葵姫さんに弾いて欲しいとの思いが強まり、献呈に至りました。

曲は、嬰ヘ短調の寂しくもパッションのある前奏で始まり、トレモロの主部へと繋がっていきます。トレモロ部分は三部形式で、たえずトレモロが続くのではなく途中和音やアルペジョで途切れるところもありながら最後に向けて盛り上がっていきます。そして最高潮に達した

ところでトレモロが終わり前奏部が再現されます。この部分を劇的に表現するとよいでしょう。前奏の再現部のコーダはトレモロには戻らず寂しさを残しながら消えていくように終わります。演奏時間を考えても小品という感じではなく中規模程度の作品なので、ちょっと大変かも知れませんね。

ところで何ゆえ〈エリカの花〉……なのか？　これには理由があります。実は僕の長女が生まれる前（つまりお腹の中にいた時）、ずっと名前を考えていたのですが、ある日寝て起きた瞬間に「エリカ」という名前が頭の中に突如として明確に現れたのです。それもカタカナで。でもあまりに似つかわしくない洋風な名前なので結局はボツになりました（笑）。

後日そんな話をアンサンブルのメンバーに話したところ「エリカっていう花、あるんですよ」と鉢植えに入った可憐なエリカの花をもらいました。恥ずかしながらそんな花があることも知らずにいた僕ですが、その時何となくその花に惹かれ、それがその花の名をタイトルに持つ曲を作曲する動機に繋がりました。南アフリカが原産ではあるのですが、イギリスなどの寒冷地に群生するヒースのイメージもあり、それが寂しいトレモロの曲というコンセプトになったかなと思います。トレモロの曲はなかなか上手く出来ず、イメージに合った形になるまでに気が付いたら9年も経ってしまっていたという次第です。

余談ですが、長女の名前はベイビーズソングの〈ことは〉（2003）に。また、お腹の中にいた時のファンタスティックなイメージでギターとピアノのための〈ドリーム・チャイルド〉（2004）が生まれました。

佐藤弘和
青空の向こうに
〜佐藤弘和作品集〜
GG591

定価 2,420 円
[本体 2,200 円 + 税 10%]

Hirokazu Sato
Collected Works for Guitar
Beyond the Blue Sky

2016 年 12 月 15 日初版発行　2021 年 7 月 15 日第 2 版発行
発行元 ● 株式会社 現代ギター社
〒171-0044 東京都豊島区千早 1-16-14
TEL03-3530-5423　FAX03-3530-5405
無断転載を禁ず
表紙デザイン・写真 ● 中村 司
浄書・版下 ● 株式会社クラフトーン／下城且久
印刷・製本 ● シナノ印刷 株式会社
コード番号 ● ISBN 978-4-87471-591-8　C3073 ¥2200E

© Gendai Guitar Co., Ltd.
1-16-14 Chihaya, Toshima-ku, Tokyo 171-0044, JAPAN
http://www.gendaiguitar.com
1st edition : December 15th, 2016　2nd edition : July 15th, 2021
Printed in Japan

楽譜や歌詞・音楽書などの出版物を権利者に無断で複製（コピー）することは、著作権の侵害（私的利用など特別な場合を除く）にあたり、著作権法により罰せられます。
　また、出版社からの不法なコピーが行なわれますと、出版社は正常な出版活動が困難となり、ついには皆様方が必要とされるものも出版できなくなります。
　音楽出版社と日本音楽著作権協会（JASRAC）は、著作者の権利を守り、なおいっそう優れた作品の出版普及に全力をあげて努力してまいります。どうか不法コピーの防止に、皆様方のご協力をお願い申し上げます。

(株)現代ギター社
(社)日本音楽著作権協会